W0294644

INGA PFANNEBECKER

Avocado KITCHEN

Grün & gesund:
Trendrezepte für Superfoodies

ALLE REZEPTE

Raffiniertes Fingerfood

6

Avocado-Smoothie

8

Rosen-Schnitte

10

Knusper-Crostini

12

Gefüllte Eier

14

Grüner Hummus

16

Gefüllte Avocado

18

Quesadillas

20

Avocado-Pancakes

22

Falsche Pommes

24

Spinatsalat

26

Kalte Gurkensuppe

28

Blitz-Pasta

AUF EINEN BLICK

30

Ofen-Süßkartoffeln

32

Gebratener Lachs

34

Guacamole-Reis

36

Chili-Frikadellen

38

Chicken-Tacos

40

Schokocreme

42

Erdbeer-Carpaccio

44

Eis am Stiel

46

Vanilletrüffeln

48

Zitronenkranz

Grünes Kraftpaket 4
Register 50
Impressum 52

Gesunde Nascherei, die auf der Zunge zergeht – dank Avocado!

Titelrezept

GRÜNES KRAFTPAKET

Avocados liegen nicht ohne Grund im Trend: Kaum eine andere Frucht hat so viel Gesundes zu bieten, das dem ganzen Körper guttut und auch noch schön macht. Echtes Superfood, eben!

GENUSSREIF

Noch harte Früchte reifen zu Hause schneller nach, wenn man sie in Zeitungspapier wickelt und neben einem Apfel in die Obstschale legt. Die Avocado sondert das Reifegas Ethylen ab, das durch das Einwickeln nicht entweichen kann. Der Apfel stößt ebenfalls dieses Gas aus und beschleunigt das Reifen noch. Wollen Sie Ihre reife Avocado dagegen noch einige Tage aufbewahren, sollten Sie sie offen und ohne andere Früchte in der „Nachbarschaft" aufbewahren.

IMMER SCHÖN GRÜN BLEIBEN

Wenn sich aufgeschnittene Avocados durch den Kontakt mit der Luft bräunlich verfärben, tut das dem Geschmack zwar keinen Abbruch, es sieht aber nicht sehr attraktiv aus. Um das zu verhindern, gibt es einige Tricks:

- Wenn Sie nur einen Teil der Avocado verwenden, nicht längs, sondern quer ein Stück abschneiden. So ist die Oberfläche kleiner und außerdem bleibt der Kern in der Frucht, der ebenfalls verhindert, dass das Fleisch bräunlich wird.
- Zitronen- und Limettensaft verhindern durch ihre Säure das Braunwerden für einige Zeit. Angeschnittene Früchte deshalb damit einpinseln oder etwas Saft unter Avocado-Dips, -Saucen und Co. mischen.
- Kälte verhindert das Braunwerden ebenfalls, daher angeschnittene Avocados oder zubereitete Speisen mit Avocado am besten im Kühlschrank aufbewahren.
- Um Guacamole oder andere Dressings und Dips mit Avocado nach der Zubereitung frisch zu halten, den Stein mit in das Schälchen legen und dieses mit Frischhaltefolie verschließen.

DAS GESUND-WUNDER

Mit rund 24 g Fett in 100 g Fruchtfleisch ist die Avocado ein „Schwergewicht“ unter den Früchten. Aber keine Sorge, dieses Fett ist vom Allerfeinsten, denn es besteht vor allem aus gesunden ungesättigten Fettsäuren, die den Cholesterinspiegel senken und dem Herz guttun. Weil sie kaum Kohlenhydrate, aber mehr als 6 g Ballaststoffe in 100 g Fruchtfleisch enthält, gilt die Avocado außerdem als Low-Carb-Star: Sie hält den Blutzuckerspiegel stabil und sättigt lange.

Magnesium entspannt die Muskeln und tut Nerven und Knochen gut

Eine gute Portion Vitamin B6 und etwas Vitamin C sorgen für starke Abwehrkräfte

Reichlich Antioxidantien schützen unsere Körperzellen

Folsäure unterstützt die Bildung von Körperzellen, besonders wichtig für Frauen zu Beginn der Schwangerschaft

Lecithin ist Nervennahrung für alle Denkarbeiter

Viel Biotin bringt Haut und Haare zum Strahlen und festigt die Fingernägel

Viel Kalium und kaum Natrium: Das ist ideal für alle, die sich basisch ernähren wollen, und bringt den Blutdruck in Balance

AVOCADO-SMOOTHIE

mit Gurke und Ananas

Die grüne Frucht macht das erfrischende Getränk mit Gurke und Minze schön cremig und steuert gesundes und sättigendes Fett bei. So wird der Smoothie zum Sattmacher-Frühstück oder Snack.

2
PERSONEN

15
MIN. ZUBEREITUNG

110
KCAL PRO PORTION

ZUTATEN

½ reife Avocado (ca. 130 g), ¼ Ananas (ca. 200 g Fruchtfleisch), ¼ Salatgurke, 3 Orangen, ½ Limette, 5 Stiele Minze, Eiswürfel (nach Belieben)

ALLES SCHNIPPELN

- Den Stein aus der Avocado entfernen. Das Fruchtfleisch mit einem Löffel aus der Schale lösen und in einen hohen Rührbecher oder Mixer geben.
- Die Ananas schälen, den harten Strunk herausschneiden und das Fruchtfleisch grob würfeln.
- Die Gurke schälen und in grobe Stücke schneiden. Gurke und Ananas zur Avocado geben.

DANN AUSPRESSEN

- Die Orangen halbieren und den Saft auspressen. Die Limettenhälfte ebenfalls auspressen. Beides in den Rührbecher oder Mixer geben.
- Die Minze waschen und trocken schütteln. 2 schöne Spitzen für die Deko beiseitelegen, von den restlichen Stielen die Blätter abzupfen und in den Rührbecher oder Mixer geben.

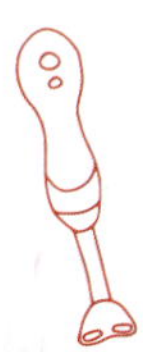

UND MIXEN

Die Smoothiezutaten mit dem Stabmixer oder im Mixer cremig pürieren. Den Avocado-Smoothie auf Gläser verteilen, nach Belieben noch Eiswürfel dazugeben. Mit Minze garnieren und sofort servieren.

ROSEN-SCHNITTE

mit Roter-Bete-Creme

Warum die Avocado einfach irgendwie aufs Brot legen, wenn man sie mit wenigen Handgriffen zu einer Rose formen kann? Da könnte der Rote-Bete-Aufstrich darunter fast blass werden vor Neid.

2
PERSONEN

15
MIN. ZUBEREITUNG

310
KCAL PRO PORTION

ZUTATEN

1 Rote Bete (ca. 75 g; vorgegart und vakuumiert), 2 gestr. TL saure Sahne, Salz, Pfeffer, 1 Msp. gemahlener Kreuzkümmel, 1 TL Haselnussblättchen, 1 reife Avocado (ca. 260 g; nicht zu weich), Zitronensaft zum Beträufeln, 2 Scheiben Sauerteigbrot (à ca. 60 g)

ROSA ZEITEN

- Die Rote Bete in grobe Würfel schneiden. Mit der sauren Sahne mit dem Stabmixer oder im Mixer fein pürieren.
- Das Rote-Bete-Püree mit Salz, Pfeffer und Kreuzkümmel würzen und beiseitestellen.
- Die Haselnussblättchen in einer Pfanne ohne Fett anrösten und abkühlen lassen.

GRÜNE WELLE

Die Avocado halbieren und den Stein entfernen. Die Hälften schälen und quer in 2–3 mm dünne Scheiben schneiden. Die Scheiben vorsichtig fächerförmig auseinanderziehen, jeden Avocadostrang zu einer Spirale einrollen. Die Avocado-Rosen mit Zitronensaft beträufeln und leicht salzen.

UND JETZT EINEN TOAST

- Die Brotscheiben toasten und jeweils mit der Hälfte der Rote-Bete-Creme bestreichen.
- Die Avocado-Rosen mithilfe eines Tortenhebers vorsichtig auf die Brote setzen.
- Die gerösteten Haselnussblättchen mittig in die Avocado-Rosen streuen. Die Brote sofort servieren.

KNUSPER-CROSTINI

mit Avocadocreme

Diese italienisch angehauchten Knusperschnittchen gehen immer: zum gemütlichen Fernsehabend genauso wie zum Aperitif mit Gästen, als kleine Vorspeise oder ganz einfach als Abendbrot.

12
STÜCK

15
MIN. ZUBEREITUNG

80
KCAL PRO STÜCK

ZUTATEN

2 Frühlingszwiebeln, 3–4 Stiele Minze, 1 kleine reife Avocado (ca. 200 g), 100 g Ricotta, 2 TL Zitronensaft, Salz, Pfeffer, frisch geriebene Muskatnuss, ¼ Baguette (ca. 125 g), 2 EL Olivenöl, 1 Knoblauchzehe

DRÜCK MICH

- Frühlingszwiebeln putzen, waschen und in feine Ringe schneiden. Minze waschen und trocken schütteln, die Blätter von den Stielen zupfen und fein hacken.
- Die Avocado halbieren und den Stein entfernen. Die Hälften erneut halbieren, ein Viertel beiseitelegen.
- Aus den übrigen Avocadovierteln das Fruchtfleisch herauslösen, mit Ricotta und Zitronensaft in einer Schüssel mit einer Gabel fein zerdrücken.
- Mit Salz, Pfeffer und Muskatnuss würzen. Minze und Frühlingszwiebelringe untermischen.

MACH MICH KNUSPRIG

- Das Baguette schräg in 12 Scheiben schneiden.
- Das Olivenöl in einer großen beschichteten Pfanne erhitzen und die Brotscheiben darin auf jeder Seite 1–2 Min. knusprig rösten. Herausnehmen und auf Küchenpapier abtropfen lassen.
- Knoblauch schälen und halbieren. Die Baguettescheiben jeweils auf einer Seite kräftig mit den Schnittflächen der Knoblauchhälften einreiben.

BELEG MICH

Die Avocadocreme auf den Baguettescheiben verteilen. Von dem übrigen Avocadostück mit einem Sparschäler direkt über den Crostini feine Scheiben abhobeln. Die Crostini sofort servieren.

GEFÜLLTE EIER

mit Senf und Kresse

Statt Mayonnaise kommt hier Avocado in die Eierhälften. Das frischt nicht nur die Farbe auf, sondern auch den Geschmack. Perfekt zum Brunch oder fürs nächste Partybuffet.

8
STÜCK

20
MIN. ZUBEREITUNG

75
KCAL PRO STÜCK

ZUTATEN

4 Eier (Größe M), 1 kleine reife Avocado (ca. 200 g), 1 TL mittelscharfer Senf, 2 TL Zitronensaft, Salz, Pfeffer, ½ Kästchen Gartenkresse, Spritzbeutel mit Sterntülle

HEISS BADEN

- Die Eier in kochendem Wasser 8–9 Min. hart kochen, kalt abschrecken, vorsichtig pellen und längs halbieren.
- Die Eigelbe aus den Hälften lösen und in eine Schüssel geben.
- Die Eiweißhälften mit den Schnittflächen nach oben auf eine Platte legen.

Wer's extrascharf mag, mischt statt Senf Wasabipaste (japan. Meerrettich) unter die Füllung.

CREMIG MACHEN

- Die Avocado halbieren und den Stein entfernen. Das Fruchtfleisch mit einem Löffel aus der Schale lösen.
- Avocadofruchtfleisch, Senf und Zitronensaft zu den Eigelben geben. Alles mit einer Gabel fein zerdrücken und zu einer glatten Masse vermischen.
- Die Avocadomasse mit Salz und Pfeffer abschmecken und in einen Spritzbeutel mit mittlerer Sterntülle füllen.

DER FEINSCHLIFF

Die Avocadomasse mit dem Spritzbeutel dekorativ in die Eiweißhälften füllen. Die Kresse vom Beet abschneiden, waschen, trocken tupfen und auf die Eier streuen.

GRÜNER HUMMUS

mit Knabbergemüse

Lieber Guacamole oder Hummus? Das ist hier keine Frage! Denn die beliebten Dip-Klassiker werden in diesem Rezept einfach gemixt – ein echtes Traumpaar zu knackigem Gemüse.

2
PERSONEN

20
MIN. ZUBEREITUNG

395
KCAL PRO PORTION

ZUTATEN

1 große reife Avocado (ca. 350 g), 130 g gegarte Kichererbsen (aus der Dose), 1 Knoblauchzehe, ½ TL gemahlener Kreuzkümmel, Saft und 1 TL abgeriebene Schale von 1 Bio-Zitrone, Salz, Pfeffer, ½ Bund Koriander, 1 rote Chilischote, 1 EL Olivenöl, 250 g gemischtes Gemüse (z. B. Möhren, Paprikaschoten, Staudensellerie)

MIX IT!

- Die Avocado halbieren und den Stein entfernen. Das Fruchtfleisch mit einem Löffel aus der Schale lösen.
- Die Kichererbsen in einem Sieb kalt abbrausen und abtropfen lassen.
- Knoblauch schälen und grob schneiden.
- Alle vorbereiteten Zutaten mit Kreuzkümmel, Zitronensaft und -schale sowie 100 ml Wasser in einem hohen Rührbecher mit dem Stabmixer oder im Mixer cremig pürieren.
- Den Dip mit Salz und Pfeffer würzen.

SPICE IT!

- Koriander waschen und trocken schütteln, die Blätter abzupfen. Einige Blätter für die Deko beiseitelegen, die restlichen Blätter hacken. Den gehackten Koriander unter den Hummus mischen.
- Die Chilischote putzen, waschen und in feine Ringe schneiden. Das Olivenöl in einer Pfanne erhitzen, die Chiliringe darin 3–4 Min. braten und dann etwas abkühlen lassen.
- Das Chiliöl vorsichtig ohne die Chiliringe zum Hummus gießen und unterrühren.
- Die Chiliringe und den beiseitegelegten Koriander auf das Hummus geben. Den Dip bis zum Servieren abgedeckt kühl stellen.

DIP IT!

Das Gemüse je nach Sorte putzen, schälen bzw. waschen und in Stifte schneiden. Die Gemüsestifte mit dem Hummus zum Dippen anrichten.

GEFÜLLTE AVOCADO

mit Räucherlachs

Warum die Avocado in der Mitte einen so großen Stein hat? Damit es ein großes Loch zum Füllen gibt! Übrigens: Dieser Ofenhit ist auch für Low-Carb-Fans ideal!

2
PERSONEN

30
MIN. ZUBEREITUNG

440
KCAL PRO PORTION

ZUTATEN

1 große, nicht zu reife Avocado (350–400 g), Salz, Pfeffer, 2 Scheiben Räucherlachs (ca. 30 g), 2 Eier (Größe S), 100 g Baby-Salatmix, 3–4 Stiele Dill, 2 EL Limettensaft, ½ TL mittelscharfer Senf, ½ TL flüssiger Honig, 2 EL Rapsöl, 1 Muffinblech

STANDHILFE

Backofen auf 150 °C vorheizen. Die Avocado halbieren und den Stein entfernen. Ein Muffinblech umgedreht auf ein Ofengitter legen. Die Avocadohälften mit den Schnittflächen nach oben zwischen die Ausbuchtungen des Muffinblechs setzen, sodass sie fest sitzen.

AB IN DEN OFEN →

- Die Mulden der Avocadohälften mit Salz und Pfeffer würzen und mit je 1 Scheibe Lachs auslegen, dabei den Lachs gut in die Mulde drücken.
- Die Eier nacheinander in eine Tasse aufschlagen. Jeweils mit einem Löffel erst das Eigelb in eine Avocadomulde geben und diese dann mit Eiweiß auffüllen.
- Eiweiß leicht mit Salz würzen. Avocadohälften im Ofen (Mitte) ca. 20 Min. garen.

KNACKIGER BEGLEITER

- Inzwischen den Salat waschen und trocken schleudern.
- Den Dill waschen und trocken schütteln, die Spitzen abzupfen und fein hacken.
- Den Limettensaft mit dem Senf und dem Honig verrühren. Die Mischung mit Salz und Pfeffer würzen und das Öl unterschlagen. Den Dill unterrühren.
- Das Dressing mit dem Salat mischen. Den Salat auf Tellern anrichten und die Avocadohälften daraufsetzen.

QUESADILLAS

mit Chorizo und Pilzen

Schnell gemacht und superlecker: Bei dieser raffinierten Variante des Tex-Mex-Klassikers ergänzen sich die kräftige Wurst und die cremige Avocado in der Füllung aufs Beste.

2
PERSONEN

25
MIN. ZUBEREITUNG

585
KCAL PRO PORTION

ZUTATEN

2 Frühlingszwiebeln, 150 g braune Champignons, 75 g Chorizo (span. Paprikawurst), 1 TL Öl, Salz, Pfeffer, 1 kleine reife Avocado (ca. 200 g), 4 Tortillafladen, 75 g geraspelter Käse, 75 g Sour Cream (oder Schmand), 4 TL grüne Tabascosauce, 1 TL Limettensaft

ERST DIE FÜLLUNG

- Die Frühlingszwiebeln putzen, waschen und in feine Ringe schneiden.
- Die Champignons putzen, falls nötig, trocken abreiben und in kleine Würfel schneiden.
- Die Chorizo pellen, längs halbieren und quer in schmale Scheiben schneiden.
- Das Öl in einer beschichteten Pfanne erhitzen, Chorizo darin bei mittlerer Hitze unter Wenden kurz anbraten. Frühlingszwiebeln und Pilze hinzufügen und alles ca. 5 Min. weiterbraten. Mit Salz und Pfeffer würzen, aus der Pfanne nehmen.
- Die Avocado halbieren und den Stein entfernen, die Hälften schälen. Das Fruchtfleisch in kleine Würfel schneiden und unter die Chorizomischung in der Pfanne mengen.

DOPPELDECKER

- Die Füllung auf 2 Tortillafladen verteilen und mit jeweils der Hälfte des Käses bestreuen. Den Käse jeweils mit einem zweiten Tortillafladen bedecken.
- Die Pfanne säubern. 1 Quesadilla hineinlegen, mit einem Topf beschweren und bei mittlerer Hitze 3–4 Min. braten.
- Quesadilla wenden, beschweren und 3 Min. fertig backen. Herausnehmen.
- Die zweite Quesadilla ebenso backen.

EIN KLACKS

Quesadillas kurz ruhen lassen, dann in Viertel oder Achtel schneiden. Die Sour Cream mit der Tabascosauce und dem Limettensaft glatt rühren. Den Dip mit Salz würzen und zu den Quesadillas reichen. Nach Belieben mit Korianderblättern servieren.

AVOCADO-PANCAKES

mit Limetten-Sour-Cream

Hier hat sich die Avocado im Teig versteckt und gibt sich auf den ersten Blick kaum zu erkennen. Auf den ersten Biss überrascht sie uns dann aber gleich mit ihrem nussigen Aroma.

2
PERSONEN

25
MIN. ZUBEREITUNG

485
KCAL PRO PORTION

ZUTATEN

2 große Tomaten, 1 grüne Chilischote (z.B. Jalapeño), 4 Frühlingszwiebeln, 1 Bio-Limette, ½ TL brauner Zucker, 3 EL Öl, Salz, Pfeffer, 150 g Mehl, 1 TL Backpulver, 1 TL Natron, 1 Ei (Größe M), 200 g Buttermilch, ½ reife Avocado (ca. 260 g), 75 g Sour Cream (oder Schmand)

ERST DIE SALSA

- Tomaten waschen, vierteln und entkernen. Das Fruchtfleisch in kleine Würfel schneiden.
- Die Chilischote längs halbieren, entkernen, waschen und in feine Würfel schneiden.
- Frühlingszwiebeln putzen, waschen und in feine Ringe schneiden. Die Hälfte der Ringe mit Tomaten und Chili mischen.
- Limette heiß waschen und trocken reiben, die Schale fein abreiben und beiseitestellen. Den Saft der Limette auspressen.
- Die Hälfte des Limettensafts mit Zucker und 1 EL Öl verrühren und unter die Tomatensalsa mischen. Mit Salz und Pfeffer würzen.

PANCAKES BACKEN

- Mehl, Backpulver, Natron, ½ TL Salz, Ei und Buttermilch verrühren. Aus der Avocado den Stein entfernen. Fruchtfleisch herauslösen, mit einer Gabel zerdrücken und mit den übrigen Frühlingszwiebeln unter den Teig rühren.
- Aus dem Teig und dem restlichen Öl nach und nach 12 Pancakes backen. Dafür je etwas Öl in einer großen beschichteten Pfanne erhitzen. Pro Pancake 1 gehäuften EL Teig in die Pfanne geben und leicht flach streichen. Die Pancakes auf jeder Seite 2–3 Min. goldbraun backen.

DAS TOPPING

Die Sour Cream mit der Limettenschale und dem übrigen Limettensaft verrühren, mit Salz und Pfeffer würzen. Die Pancakes mit Tomatensalsa und Limetten-Sour-Cream servieren.

FALSCHE POMMES

mit Ajvar-Dip

Diese Snack-Kombi macht süchtig! Unter einem knusprigen Mäntelchen verbirgt sich zarte Avocado, dazu gibt es einen scharfen Dip – sagen Sie nicht, wir hätten Sie nicht gewarnt …

2
PERSONEN

20
MIN. ZUBEREITUNG

590
KCAL PRO PORTION

ZUTATEN

1 große, nicht zu reife Avocado (350–400 g), 1–2 TL Zitronensaft, Salz, Pfeffer, ca. 2 EL Mehl, 1 Ei (Größe M), 50 g Panko (japan. Paniermehl), Öl zum Ausbacken, 75 g Magerquark, 50 g Doppelrahmfrischkäse, 2–3 EL scharfes Ajvar (Paprikapaste)

POMMES SCHNEIDEN

- Die Avocado halbieren und den Stein entfernen. Die Avocadohälften schälen und das Fruchtfleisch in 3–4 mm dicke Spalten schneiden.
- Die Avocadospalten mit Zitronensaft beträufeln und mit Salz und Pfeffer würzen.

MANTEL ANZIEHEN

- Das Mehl in einen tiefen Teller geben. Das Ei in einem zweiten tiefen Teller verquirlen und mit Salz und Pfeffer würzen. Den Panko ebenfalls in einen tiefen Teller geben.
- Die Avocadospalten zuerst im Mehl, dann im Ei und zum Schluss im Panko wenden.
- In einem weiten Topf ca. 2 cm hoch Öl erhitzen und die Avocadospalten darin portionsweise ca. 3 Minuten rundum goldbraun ausbacken, dabei einmal wenden. Mit einem Schaumlöffel aus dem Topf nehmen und auf Küchenpapier abtropfen lassen.

DIP, DIP, HURRA! →

Quark mit dem Frischkäse und dem Ajvar glatt verrühren. Den Dip mit Salz und Pfeffer abschmecken und zu den Avocado-Pommes servieren.

with love

SPINATSALAT

mit gebratenen Garnelen

Der Clou ist hier das cremig-nussige Avocado-Dressing, das den Sattmachersalat aus fruchtiger Mango, leicht herbem Spinat und feinen Garnelen geschmacklich zusammenhält.

2
PERSONEN

25
MIN. ZUBEREITUNG

360
KCAL PRO PORTION

ZUTATEN

1 kleine reife Avocado (ca. 200 g), 1 TL mittelscharfer Senf, 1 EL Zitronensaft, 2 EL griechischer Joghurt, ½ TL Honig, 1 EL gehackte Petersilie, Salz, Pfeffer, 100 g Baby-Spinat, 100 g Cocktailtomaten, 1 kleine Mango, 2 Frühlingszwiebeln, 300 g küchenfertige Garnelen (ohne Kopf, geschält), 1 Knoblauchzehe, 1–2 EL Öl

DRESSING RÜHREN

- Die Avocado halbieren und den Stein entfernen. Das Fruchtfleisch mit einem Löffel aus der Schale lösen.
- Avocado mit Senf, Zitronensaft, Joghurt, Honig und 3 EL Wasser in einem hohen Rührbecher mit dem Stabmixer oder im Mixer cremig pürieren.
- Die Petersilie untermischen. Das Dressing mit Salz und Pfeffer abschmecken.

SCHÜSSEL-MIX

- Den Baby-Spinat verlesen, waschen und trocken schleudern.
- Die Cocktailtomaten waschen, trocken tupfen und halbieren.
- Die Mango schälen, das Fruchtfleisch vom Stein und dann in schmale Spalten schneiden.
- Die Frühlingszwiebeln putzen, waschen und in feine Ringe schneiden.
- Alles in einer flachen Salatschüssel anrichten.

ROSA BRATEN

Die Garnelen abbrausen und trocken tupfen. Den Knoblauch schälen und in feine Scheiben schneiden. Das Öl mit dem Knoblauch in einer beschichteten Pfanne erhitzen und die Garnelen darin bei mittlerer Hitze unter Wenden 4–5 Min. rosa braten. Mit Salz und Pfeffer würzen und auf den Salat geben. Einen Teil des Dressings darüberträufeln, den Rest extra dazu reichen.

KALTE GURKENSUPPE

mit Avocado und Minze

Egal ob als feine Erfrischung für heiße Tage oder als leichte Sommervorspeise: Dieses Süppchen überzeugt Löffel für Löffel mit asiatischem Aroma. Für eiskalten Genuss die Suppe auf Eiswürfeln servieren.

2
PERSONEN

20
MIN. ZUBEREITUNG

205
KCAL PRO PORTION

ZUTATEN

1 reife Avocado (ca. 260 g), ½ Salatgurke, 4 Stiele Minze, 5 Radieschen (mit frischem Grün), 2 Frühlingszwiebeln, 330 ml gekühltes Kokoswasser, 5–6 TL Limettensaft, ½ TL mildes Currypulver, Salz, Pfeffer

KLEIN SCHNEIDEN

- Avocado halbieren und den Stein entfernen, das Fruchtfleisch aus der Schale lösen.
- Die Gurke schälen und in Stücke schneiden.
- Die Minze waschen und trocken schütteln, die Blätter abzupfen. Einige schöne Blätter für die Deko beiseitelegen, die restlichen Minzeblätter grob hacken.
- Die Radieschen putzen und waschen. Das Grün grob hacken, die Radieschen in feine Scheiben schneiden.
- Die Frühlingszwiebeln putzen und waschen. Den weißen Teil grob, den grünen Teil in feine Ringe schneiden.

Kalorienarm und fettfrei: Kokoswasser ist der Clou bei dieser schnellen Suppe.

AB IN DEN MIXER

Avocado, Gurke, gehackte Minze, gehacktes Radieschengrün und weiße Frühlingszwiebelteile mit Kokoswasser, 5 TL Limettensaft und Currypulver mit dem Stabmixer oder im Mixer sehr fein pürieren.

LÖFFELFERTIG!

- Die Suppe mit Salz, Pfeffer und eventuell noch etwas Limettensaft abschmecken und in zwei Schalen anrichten.
- Mit Radieschen, Frühlingszwiebelringen und Minze garnieren und sofort servieren.

BLITZ-PASTA

mit Avocadosauce

Schnell zubereitet, köstlich und dazu noch gesund: Dieser cremige Pasta-Hit macht mit gesundem Fett und pflanzlichem Eiweiß nicht nur Veganer im Handumdrehen glücklich.

2
PERSONEN

20
MIN. ZUBEREITUNG

695
KCAL PRO PORTION

ZUTATEN

75 g TK-Erbsen, 30 g Basilikum, 25 g Pinienkerne, 1 kleine reife Avocado (ca. 200 g), 1 Knoblauchzehe, Saft von 1 Zitrone, Salz, Pfeffer, 200 g Spaghetti, 250 g Pilze (z. B. braune Champignons oder Austernpilze), 1 EL Olivenöl

BLITZSAUCE MIXEN

- Die Erbsen in einer Schüssel mit kochendem Wasser übergießen und ca. 5 Min. ziehen lassen.
- Das Basilikum waschen und trocken schütteln, die Blätter von den Stielen zupfen.
- Die Pinienkerne in einer Pfanne ohne Fett goldgelb rösten, dann herausnehmen.
- Die Avocado halbieren und den Stein entfernen. Das Fruchtfleisch mit einem Löffel aus der Schale lösen.
- Den Knoblauch schälen und halbieren.
- Die Erbsen in ein Sieb abgießen. Mit Avocado, Basilikum, der Hälfte der Pinienkerne, Knoblauch und Zitronensaft im Mixer fein pürieren. Die Sauce mit Salz und Pfeffer abschmecken.

NUDELN UND PILZE

- Die Nudeln in reichlich kochendem Salzwasser nach Packungsanweisung bissfest garen.
- Inzwischen die Pilze putzen und klein schneiden.
- Das Olivenöl in einer beschichteten Pfanne erhitzen, die Pilze darin unter Wenden ca. 5 Min. kräftig anbraten. Mit Salz und Pfeffer würzen.

ENDSPURT

Die Nudeln abgießen, mit der Avocadosauce mischen und auf Tellern anrichten. Die Pilze daraufgeben. Mit den übrigen Pinienkernen bestreut servieren.

OFEN-SÜSSKARTOFFELN

mit grünem Zaziki

Mit der grünen Wunderfrucht statt Milchprodukten wird der griechische Saucenklassiker auch für alle, die keine Laktose vertragen, der perfekte Partner zu gebackenen Süßkartoffeln.

2
PERSONEN

1
STD. ZUBEREITUNG

510
KCAL PRO PORTION

ZUTATEN

2 Süßkartoffeln (à ca. 200 g), 3 TL Olivenöl, Salz, 1 gelbe Paprikaschote, 60 g Cocktailtomaten, 1 rote Zwiebel, 1 EL Thymianblättchen, Pfeffer, 1 reife Avocado (ca. 260 g), Saft von ½ Zitrone, ½ kleine Salatgurke, 1 Knoblauchzehe, ¼ Bund Petersilie

AB IN DEN OFEN

- Den Backofen auf 200 °C vorheizen.
- Süßkartoffeln gründlich waschen und mit einem spitzen Messer mehrmals rundherum einstechen. Mit 1 TL Olivenöl einreiben, salzen und einzeln in Alufolie einwickeln.
- Die Süßkartoffeln auf eine Seite eines Backblechs legen und im Ofen (Mitte) ca. 20 Min. garen.
- Inzwischen die Paprikaschote längs halbieren, entkernen, waschen und in schmale Streifen schneiden. Die Tomaten waschen, trocken tupfen und halbieren. Zwiebel schälen, halbieren und in Spalten schneiden. Gemüse mit dem übrigen Olivenöl, Thymian, Salz und Pfeffer mischen.
- Gemüse auf die freie Seite des Backblechs zu den Süßkartoffeln geben und alles 30 Min. fertig garen.

ZAZIKI RÜHREN →

Das Zaziki passt auch super zu gegrilltem Fleisch und schmeckt auf Röstbrot.

- Inzwischen die Avocado halbieren und den Stein entfernen. Das Fruchtfleisch aus der Schale lösen, mit dem Zitronensaft beträufeln und mit einer Gabel zerdrücken.
- Gurke schälen, längs halbieren, entkernen und grob raspeln. Die Raspel unter das Avocadopüree mischen.
- Knoblauch schälen und dazupressen.
- Petersilie waschen und trocken schütteln. Die Blätter abzupfen, hacken und untermischen. Mit Salz und Pfeffer würzen.

RAN AN DIE KARTOFFELN

Das Blech aus dem Ofen nehmen. Die Süßkartoffeln aus der Folie wickeln und auf Teller legen. An der Oberfläche der Länge nach einschneiden und etwas auseinanderdrücken. Das Gemüse auf den Kartoffeln verteilen und jeweils 1 Klecks Zaziki daraufgeben. Übriges Zaziki dazu servieren.

GEBRATENER LACHS

mit Avocado-Salsa

Kleiner Kick zum Feierabend gefällig? Die rasante Kombi aus knusprigem Fisch und frisch-fruchtiger Salsa sorgt im Nu für Geschmacksexplosionen auf der Zunge.

2
PERSONEN

30
MIN. ZUBEREITUNG

430
KCAL PRO PORTION

ZUTATEN

2 Lachsfilets (mit Haut; à ca. 150 g), Salz, 1 rosa Grapefruit (ca. 350 g), 1 reife, nicht zu weiche Avocado (ca. 260 g), 2 Frühlingszwiebeln, 4 Stiele Basilikum, 1 rote Chilischote, 1 TL flüssiger Honig, 1 TL Olivenöl, ½ Vanilleschote, Pfeffer, 1 EL Butterschmalz

FISH & MORE

- Lachs waschen, trocken tupfen, auf der Hautseite jeweils dick mit Salz einreiben und ca. 10 Min. ziehen lassen.
- Inzwischen die Grapefruit so großzügig schälen, dass auch die weiße Haut mit entfernt wird. Die Fruchtfilets zwischen den Trennhäuten herausschneiden, dabei den austretenden Saft auffangen. Die Filets klein schneiden und in eine Schüssel geben.
- Die Avocado halbieren und den Stein entfernen. Das Fruchtfleisch aus der Schale lösen und klein würfeln.
- Frühlingszwiebeln putzen, waschen und in feine Ringe schneiden. Basilikum waschen und trocken tupfen, die Blätter abzupfen und fein schneiden. Die Chili putzen, waschen und in feine Ringe schneiden. Alles zusammen mit der Avocado zur Grapefruit in die Schüssel geben.

DRESSING RÜHREN

Honig und Olivenöl mit 2–3 EL Grapefruitsaft verrühren. Die Vanilleschote längs aufschneiden, das Mark herauskratzen und unterrühren. Das Dressing mit Salz und Pfeffer würzen und unter die Grapefruitmischung mengen.

AB IN DIE PFANNE

- Vom Lachs das Salz sorgfältig mit Küchenpapier abstreifen.
- Das Butterschmalz in einer Pfanne erhitzen, die ausgekratzte Vanilleschote dazugeben. Lachs mit der Hautseite nach unten bei mittlerer Hitze ca. 3 Min. darin knusprig braten.
- Dann wenden und auf der anderen Seite 2–3 Min. braten. Den Lachs mit der Salsa servieren.

GUACAMOLE-REIS

mit Steakstreifen

Avocado macht den Reis so saftig, dass er schon solo einfach zum Weglöffeln gut schmeckt. Kommen dann noch Steakstreifen dazu, ist der Genuss perfekt!

2
PERSONEN

30
MIN. ZUBEREITUNG

795
KCAL PRO PORTION

ZUTATEN

125 g Langkornreis, Salz, 1 rote Paprikaschote, 1 rote Chilischote, 1 Zuckermaiskolben (oder 150 g TK-Mais), 1 rote Zwiebel, 1 Knoblauchzehe, 2 EL Öl, ¼ TL gemahlener Kreuzkümmel, Pfeffer, 1 reife Avocado (ca. 260 g), 1 EL Limettensaft, 2 Rumpsteaks (à ca. 150 g), ½ Bund Koriander, ½ TL Chiliflocken (Pul biber)

ERST DER REIS

- Reis in Salzwasser nach Packungsanweisung garen.
- Inzwischen die Paprika und die Chilischote längs halbieren, entkernen, waschen und klein würfeln.
- Mais waschen, die Körner vom Kolben schneiden.
- Zwiebel und Knoblauch schälen und fein würfeln.
- 1 EL Öl in einer Pfanne erhitzen, die Zwiebel darin andünsten.
- Paprika, Chili, Mais und Knoblauch dazugeben und bei mittlerer Hitze unter Wenden ca. 5 Min. andünsten. Kreuzkümmel unterrühren, salzen und pfeffern.
- Die Avocado halbieren und den Stein entfernen. Das Fruchtfleisch mit einem Löffel aus der Schale lösen, in einer Schüssel mit Limettensaft beträufeln und mit einer Gabel zerdrücken.

JETZT DIE STEAKS

Die Steaks mit Salz und Pfeffer würzen. Übriges Öl in einer Pfanne erhitzen, die Steaks darin bei mittlerer Hitze 6–8 Min. medium braten, dabei einmal wenden. Aus der Pfanne nehmen, in Alufolie wickeln und 5 Min. ruhen lassen.

DANN SCHNELL MISCHEN

- Den Reis in ein Sieb abgießen, dann zurück in den Topf geben und das Avocadopüree unterrühren.
- Die Gemüsemischung aus der Pfanne ebenfalls unter den Reis rühren.
- Koriander waschen und trocken schütteln. Die Blätter abzupfen, fein hacken und unter den Guacamole-Reis rühren. Den Reis mit Salz und Pfeffer würzen.
- Die Steaks quer in schmale Streifen schneiden und auf dem Reis anrichten. Mit Chiliflocken bestreut servieren.

CHILI-FRIKADELLEN

mit Avocado-Kartoffelstampf

Bei dieser Stampf-Variante kommt Avocado statt Butter zum Einsatz. Das macht den Stampf schön cremig und leicht nussig. Perfekte Partner dazu sind chilifeurige Frikadellen.

2
PERSONEN

40
MIN. ZUBEREITUNG

630
KCAL PRO PORTION

ZUTATEN

400 g mehligkochende Kartoffeln, Salz, 1 Zwiebel, 250 g Rinderhackfleisch, 1 Eigelb, 1 EL Weißbrotbrösel, 1 TL Chilipulver, Pfeffer, 1 EL Öl, 1 kleine reife Avocado (ca. 200 g), 3 TL Limettensaft, 75 ml Milch, frisch geriebene Muskatnuss, ½ Bund Koriander

KARTOFFELN FIRST

Kartoffeln schälen, waschen und in Stücke schneiden. Knapp mit Salzwasser bedeckt ca. 15 Min. weich garen.

HACK, HACK, HURRA

- Inzwischen für die Frikadellen die Zwiebel schälen und fein würfeln.
- Hackfleisch, Zwiebel, Eigelb, Brotbrösel, Chilipulver, Salz und Pfeffer verkneten.
- Aus der Masse 4 Frikadellen formen.
- Das Öl in einer beschichteten Pfanne erhitzen und die Hacksteaks darin ca. 5 Min. braun braten, dabei einmal wenden.

LET'S STAMPF

- Kartoffeln abgießen und zurück in den Topf geben.
- Avocado halbieren und den Stein entfernen. Die Hälften erneut halbieren, ein Viertel beiseitelegen. Das übrige Fruchtfleisch aus der Schale lösen und mit 2 TL Limettensaft zu den Kartoffeln geben.
- Die Milch lauwarm erhitzen, dazugießen und alles mit einem Kartoffelstampfer zerkleinern. Mit Salz, Pfeffer und Muskat abschmecken.
- Übrige Avocado aus der Schale lösen, klein würfeln und mit restlichem Limettensaft beträufeln.
- Koriander waschen und trocken schütteln. Die Blätter abzupfen, fein hacken und mit den Avocadowürfeln vorsichtig unter den Stampf heben.
- Die Frikadellen mit dem Kartoffelstampf auf Tellern anrichten. Dazu passt Tomatensalat.

CHICKEN-TACOS

mit Guacamole

Kein Mexikaner um die Ecke, aber Lust auf würzig gefüllte Tacos? Kein Problem! Im Supermarkt gibt es alles, um den Fast-Food-Klassiker selbst zu zaubern.

2
PERSONEN

40
MIN. ZUBEREITUNG

545
KCAL PRO PORTION

ZUTATEN

300 g Hähnchenbrustfilet, 1 rote Zwiebel, 1 Knoblauchzehe, 1 EL Öl, 1 TL brauner Zucker, 1 Msp. Zimtpulver, 1 Lorbeerblatt, 1 Dose gewürfelte Tomaten (400 g), 1 EL geräuchertes Paprikapulver, Salz, Pfeffer, 2 Frühlingszwiebeln, 1 grüne Chilischote, 1 große reife Avocado (ca. 320 g), ca. 2 EL Limettensaft, 2 EL gehackter Koriander, 4 kleine Tortillafladen

SPICY CHICKEN

- Das Hähnchen in kleine Würfel schneiden.
- Die Zwiebel und den Knoblauch schälen und in feine Würfel schneiden.
- Das Öl in einem Topf erhitzen und die Zwiebel darin andünsten. Das Fleisch dazugeben und rundum kräftig anbraten. Knoblauch unterrühren und kurz mitbraten. Den Zucker darüberstreuen und leicht karamellisieren lassen.
- Zimt, Lorbeer, Tomaten und Paprikapulver dazugeben. Alles aufkochen, mit Salz und Pfeffer würzen und offen ca. 15 Min. einkochen lassen.

GUACAMOLE-TIME

- Inzwischen die Frühlingszwiebeln putzen, waschen und in feine Ringe schneiden.
- Chili putzen, waschen und klein würfeln. Die Hälfte der Chiliwürfel mit ½ TL Salz im Mörser zu einer Paste zerstoßen.
- Die Avocado halbieren und den Stein entfernen. Das Fruchtfleisch mit einem Löffel aus der Schale lösen und mit dem Limettensaft ebenfalls im Mörser fein zerstoßen.
- Die Hälfte des Korianders mit den übrigen Chiliwürfeln unter die Guacamole rühren.
- Mit Salz, Pfeffer und eventuell noch etwas Limettensaft abschmecken.

TACOS BASTELN

Die Hähnchenmischung in einer Schüssel mit Salz und Pfeffer würzen, mit dem übrigen Koriander bestreuen. Die Tortillafladen in einer Pfanne ohne Fett bei mittlerer Hitze auf jeder Seite ca. 1 Min. erhitzen. Guacamole in einer Schale anrichten. Die Tortillafladen mit Hähnchen füllen, mit der Guacamole toppen und zusammenklappen.

SCHOKOCREME

mit Banane und Avocado

Was ist so cremig, dass es auf der Zunge zergeht, und gleichzeitig so gesund, dass es sogar als Frühstück durchgeht? Ganz klar: Dieses vegane Dessert, das Sie unbedingt probieren sollten.

2
PERSONEN

10
MIN. ZUBEREITUNG
+ MIND. 3 STD. KÜHLEN

300
KCAL PRO PORTION

ZUTATEN

1 kleine reife Avocado (ca. 200 g), 1 kleine reife Banane (ca. 100 g Fruchtfleisch), 2 EL Ahornsirup, 20 g ungesüßtes Kakaopulver, 25 g vegane Zartbitterschokolade

BASIS SCHAFFEN →

- Die Avocado halbieren und den Stein entfernen. Das Fruchtfleisch mit einem Löffel aus der Schale lösen und in einen hohen Rührbecher oder Mixer geben.
- Die Banane schälen und in groben Stücken direkt in den Rührbecher oder Mixer schneiden.

CREMIG PÜRIEREN

- Ahornsirup und Kakaopulver hinzufügen und alles zu einer glatten Creme pürieren.
- Die Creme in kalt ausgespülte Dessertgläser oder -schälchen füllen und mit Frischhaltefolie abgedeckt mind. 3 Std. kühl stellen.

Für eine Winter-Variante noch 1 TL Zimtpulver oder Lebkuchengewürz untermixen und die Schokocreme mit Bio-Orangenzesten garnieren.

SCHÖN MACHEN

Die Schokolade mit einem Sparschäler über der Creme als dünne Röllchen abschaben. Die Creme sofort servieren. Für Verwöhnmomente 50 g Sahne (oder eine pflanzliche Sahne-Alternative) steif schlagen und als Tuffs auf die Creme spritzen oder mit einem Löffel daraufsetzen.

ERDBEER-CARPACCIO

mit Avocado-Mousse

Bei der luftigen Mousse kommt das feine Aroma der Avocado besonders gut zur Geltung. Zusammen mit süßen Erdbeeren und frischem Minzzucker ist das Dessert ein Knaller für Augen und Gaumen!

2
PERSONEN

25
MIN. ZUBEREITUNG
+ MIND. 3 STD. KÜHLEN

400
KCAL PRO PORTION

ZUTATEN

1 sehr frisches Eiweiß (Größe M), Salz, 3 TL Puderzucker, 100 g Sahne, 1 reife Avocado (ca. 260 g), abgeriebene Schale und 2 TL Saft von ½ Bio-Limette, 4 Stiele Minze, 1 EL brauner Zucker, 200 g Erdbeeren, 1 TL gehackte Pistazien

SCHAUMSCHLÄGER

- Das Eiweiß mit 1 Prise Salz mit den Quirlen des Handrührgeräts zu steifem Schnee schlagen, dabei zuletzt nach und nach den Puderzucker unterschlagen. Die Sahne ebenfalls steif schlagen. Den Eischnee und die Sahne kühl stellen.
- Die Avocado halbieren und den Stein entfernen. Das Fruchtfleisch mit einem Löffel aus der Schale lösen. Mit Limettenschale und -saft mit dem Stabmixer fein pürieren.
- Zuerst die Sahne, dann den Eischnee vorsichtig unter das Avocadopüree heben. Die Mousse abgedeckt mind. 3 Std. kühl stellen.

AROMAWUNDER

Kurz vor dem Servieren die Minze waschen und trocken schütteln, die Blätter abzupfen und grob hacken. Dann mit dem Zucker in einem Mörser zerstoßen, bis die Minzeblätter sehr fein zerrieben sind und sich mit dem Zucker verbunden haben.

FARBTUPFER

- Erdbeeren waschen, trocken tupfen, putzen und in sehr dünne Scheiben schneiden.
- Die Erdbeerscheiben nebeneinander auf Desserttellern auslegen. Den Minzzucker darauf verteilen.
- Von der Mousse mithilfe von zwei Esslöffeln Nocken abstechen und diese auf das Erdbeer-Carpaccio setzen.
- Mit Pistazien bestreut sofort servieren.

EIS AM STIEL

mit Kokosmilch

Vegane Erfrischung an heißen Tagen! Das Einzige, was bei diesem kinderleichten Rezept schwerfällt, ist das Warten, bis das Eis endlich durchgefroren ist ...

6
STÜCK

10
MIN. ZUBEREITUNG
+ MIND. 5 STD. TIEFKÜHLEN

205
KCAL PRO STÜCK

ZUTATEN

1 reife Avocado (ca. 260 g), 200 ml Kokosmilch, 3 TL Agaven- oder Ahornsirup, 3–4 EL Limettensaft, 50 g vegane Zartbitterschokolade, 2 TL Kokosöl, 20 g Haselnusskrokant, 6 Eisförmchen

IN DEN MIXER

- Die Avocado halbieren und den Stein entfernen. Das Fruchtfleisch mit einem Löffel aus der Schale lösen.
- Avocado mit Kokosmilch, Sirup und Limettensaft im Mixer cremig pürieren.

Auch mehrere Strohhalme machen sich gut als Eisstiele

IN DIE KÄLTE

Die Avocadomasse in die Eisförmchen füllen. Die Stiele hineinstecken und die Masse im Tiefkühlfach mind. 5 Std. gefrieren lassen.

INS SCHOKOBAD

- Kurz vor dem Servieren die Schokolade grob hacken. Mit dem Kokosöl in einer Metallschüssel im heißen Wasserbad unter Rühren schmelzen. Vom Wasserbad nehmen, in einen Becher oder eine Tasse füllen und etwas abkühlen lassen.
- Die Eisförmchen kurz unter heißes Wasser halten. Das Eis aus den Förmchen lösen und mit dem oberen Drittel in die Schokolade tauchen.
- Sofort mit Haselnusskrokant bestreuen und genießen.

VANILLETRÜFFELN

mit Avocado und Zimt

Immer eine Sünde wert! Diese feinen Pralinen sind mit Avocadofett und Antioxidantien aus Schokolade und Kakao so gesund, dass man mit gutem Gewissen zwei nehmen kann.

24
STÜCK

20
MIN. ZUBEREITUNG
+ MIND. 2 STD. KÜHLEN

45
KCAL PRO STÜCK

ZUTATEN

120 g Zartbitterschokolade (mind. 70 % Kakaoanteil), 1 kleine reife Avocado (ca. 200 g), Mark von ½ Vanilleschote, 2 TL Ahornsirup, ca. 60 g Kakaopulver, Zimtpulver

SCHOKI SCHMELZEN

Die Schokolade grob hacken und in einer Metallschüssel im heißen Wasserbad unter Rühren schmelzen. Dann vom Wasserbad nehmen und ca. 10 Min. abkühlen lassen.

Bitte unbedingt auf das Avocadogewicht achten! Ist die Avocado zu groß, wird die Trüffelmasse nicht fest genug.

AVOCADO PÜRIEREN

- Inzwischen die Avocado halbieren und den Stein entfernen. Das Fruchtfleisch mit einem Löffel aus der Schale lösen.
- Avocado, Vanillemark, Ahornsirup, 1 EL Kakaopulver und 1 Prise Zimt zur Schokolade geben. Alles mit dem Stabmixer fein pürieren. Die Masse abgedeckt mind. 2 Std. kühl stellen.

ALLE KUGELN, BITTE

- Das übrige Kakaopulver in einen flachen, länglichen Vorratsbehälter geben.
- Von der Avocadomasse pro Trüffel 1 leicht gehäuften TL abnehmen, in das Kakaopulver legen und mit kühlen Händen zur Kugel rollen.
- Die Trüffeln im Kakaopulver liegen lassen und bis zum Verzehr gut abgedeckt kühl stellen. So bleiben sie ca. 1 Woche frisch.

ZITRONENKRANZ

mit Avocado-Frosting

Hier erlebt der klassische Rührteig sein grünes Wunder: Die Avocado ersetzt einen Teil der Butter und macht den Kuchen besonders saftig. Der besondere Clou: das Avocado-Frosting mit Pistazien!

18
STÜCKE

35
MIN. ZUBEREITUNG
+ 1 STD. BACKEN
+ ABKÜHLEN

280
KCAL PRO STÜCK

ZUTATEN

2 Bio-Zitronen, 1 große und 1 kleine reife Avocado (ca. 350 g und 200 g), 175 g weiche Butter, 175 g Zucker, Salz, 4 Eier (Größe M), 350 g Mehl, 50 g gemahlene Pistazien, 1 Päckchen Backpulver, 4 EL Lemon Curd (aus dem Feinkostladen), 100 g Sahne, gehackte Pistazien, Springform mit Rohrboden (26 cm Ø), Fett und Mehl für die Form

TEIG RÜHREN

- Die Springform einfetten und mit Mehl ausstäuben. Den Backofen auf 175 °C vorheizen.
- Zitronen waschen und trocken reiben. Die Schale abreiben und 75 ml Saft auspressen. Die große Avocado halbieren und den Stein entfernen. Das Fruchtfleisch aus der Schale lösen und mit Zitronenschale und -saft mit dem Stabmixer fein pürieren.
- Butter, Zucker und 1 Prise Salz mit den Quirlen des Handrührgeräts ca. 5 Min. schaumig schlagen. Die Eier nacheinander unterrühren.
- Mehl, gemahlene Pistazien und Backpulver mischen. Im Wechsel mit dem Avocadopüree kurz unter die Eiermasse rühren.

KUCHEN BACKEN

Den Teig in die Form füllen, glatt streichen und im Ofen (2. Schiene von unten) ca. 1 Std. backen. 20 Min. vor Ende der Backzeit den Kuchen mit Alufolie abdecken, damit er nicht zu dunkel wird. Den Kuchen aus dem Ofen nehmen, ca. 15 Minuten in der Form abkühlen lassen, dann auf ein Kuchengitter stürzen und vollständig auskühlen lassen.

FEINES HÄUBCHEN

- Kurz vor dem Servieren die kleine Avocado halbieren und den Stein entfernen. Das Fruchtfleisch mit einem Löffel aus der Schale lösen.
- Avocado mit den Quirlen des Handrührgeräts ca. 5 Min. cremig rühren, zuletzt das Lemon Curd löffelweise unterrühren. Die Sahne steif schlagen und unterheben.
- Den Kuchen gleichmäßig mit dem Frosting bestreichen und mit gehackten Pistazien bestreuen.

REGISTER

A/B

Ajvar: Falsche Pommes 22
Ananas: Avocado-Smoothie 6
Avocado, gefüllte 16
Banane: Schokocreme 40
Basilikum
Blitz-Pasta 28
Gebratener Lachs 32
Blitz-Pasta 28
Brot
Knusper-Crostini 10
Rosen-Schnitte 8
Buttermilch: Avocado-Pancakes 20

C

Carpaccio, Erdbeer- 42
Chicken-Tacos 38
Chili-Frikadellen 36
Chilischote
Chili-Frikadellen 36
Chicken-Tacos 38
Gebratener Lachs 32
Grüner Hummus 14
Guacamole-Reis 34
Avocado-Pancakes 20
Crostini, Knusper- 10

E

Eis am Stiel 44
Erbsen: Blitz-Pasta 28
Erdbeer-Carpaccio 42

F

Falsche Pommes 22
Frischkäse: Falsche Pommes 22
Frühlingszwiebeln
Chicken-Tacos 38
Gebratener Lachs 32
Kalte Gurkensuppe 26
Knusper-Crostini 10
Avocado-Pancakes 20
Quesadillas 18
Spinatsalat 24

G

Garnelen: Spinatsalat 24
Gebratener Lachs 32
Gefüllte Avocado 16
Gefüllte Eier 12
Grapefruit: Gebratener Lachs 32
Grüner Hummus 14
Guacamole
Chicken-Tacos 38
Guacamole-Reis 34
Gurke
Avocado-Smoothie 6
Gurkensuppe, kalte 26
Ofen-Süßkartoffeln 30

H/J

Hähnchen: Chicken-Tacos 38
Haselnüsse: Rosen-Schnitte 8
Hummus, grüner 14
Joghurt: Spinatsalat 24

K

Kakaopulver
Schokocreme 40
Vanilletrüffeln 46
Kalte Gurkensuppe 26
Kartoffeln: Chili-Frikadellen 36
Käse: Quesadillas 18
Kichererbsen: Grüner Hummus 14
Knusper-Crostini 10
Kokos
Eis am Stiel 44
Kalte Gurkensuppe 26
Koriandergrün
Chicken-Tacos 38
Chili-Frikadellen 36
Grüner Hummus 14
Guacamole-Reis 34
Kresse: Gefüllte Eier 12
Krokant: Eis am Stiel 44
Kuchen: Zitronenkranz 48

L

Lachs
Gebratener Lachs 32
Gefüllte Avocado 16
Lemon Curd: Zitronenkranz 48

JUST DELICIOUS

Limette
Avocado-Smoothie 6
Chicken-Tacos 38
Eis am Stiel 44
Erdbeer-Carpaccio 42
Guacamole-Reis 34
Kalte Gurkensuppe 26
Avocado-Pancakes 20
Quesadillas 18

M/O

Mais: Guacamole-Reis 34
Mango: Spinatsalat 24
Minze
Avocado-Smoothie 6
Erdbeer-Carpaccio 42
Kalte Gurkensuppe 26
Knusper-Crostini 10
Mousse, Avocado- 42
Ofen-Süßkartoffeln 30
Orange: Avocado-Smoothie 6

P/Q

Pancakes, Avocado- 20
Paprikaschote
Guacamole-Reis 34
Ofen-Süßkartoffeln 30
Petersilie
Ofen-Süßkartoffeln 30
Spinatsalat 24
Pilze
Blitz-Pasta 28
Quesadillas 18
Pinienkerne:
Blitz-Pasta 28
Pistazien
Erdbeer-Carpaccio 42
Zitronenkranz 48
Pommes, falsche 22
Quesadillas 18

R

Radieschen: Kalte Gurkensuppe 26
Reis: Guacamole-Reis 34
Ricotta: Knusper-Crostini 10
Rindfleisch
Chili-Frikadellen 36
Guacamole-Reis 34
Rosen-Schnitte 8
Rote Bete: Rosen-Schnitte 8

S

Sahne
Erdbeer-Carpaccio 42
Zitronenkranz 48
Salat
Gefüllte Avocado 16
Spinatsalat 24
Saure Sahne: Rosen-Schnitte 8
Schokolade
Eis am Stiel 44
Schokocreme 40
Vanilletrüffeln 46
Smoothie, Avocado- 6
Sour Cream
Avocado-Pancakes 20
Quesadillas 18
Spaghetti: Blitz-Pasta 28
Spinatsalat 24
Steak: Guacamole-Reis 34
Süßkartoffeln, Ofen- 30

T

Tacos, Chicken- 38
Tomaten
Chicken-Tacos 38
Ofen-Süßkartoffeln 30
Avocado-Pancakes 20
Spinatsalat 24
Tortillafladen
Chicken-Tacos 38
Quesadillas 18
Trüffeln, Vanille- 46

V/W/Z

Vanille
Gebratener Lachs 32
Vanilletrüffeln 46
Wurst: Quesadillas 18
Zimt: Vanilletrüffeln 46
Zitronenkranz 48

Kaiserstraße 14 b
D-80801 München
ISBN: 978-3-89883-706-4

2. Auflage 2018

Projektleitung: Kathrin Ullerich
Rezepte & Texte: Inga Pfannebecker
Lektorat: Karin Kerber
Grafische Gestaltung:
kral & kral design, München,
Julia Arzberger, Catharina Burmester
Covergestaltung: Johanna Höflich
Fotografie: Coco Lang
Foodstyling: Sven Dittmann
Illustrationen: Shutterstock
Herstellung: Frank Jansen
Producing: Jan Russok
Druck & Bindung:
optimal media GmbH, Röbel

Im Buch enthaltene Fotos können zur eigenen Nutzung
erworben werden unter www.stockfood.com

Die ZS Verlag GmbH ist ein Unternehmen
der Edel AG, Hamburg.
www.zsverlag.de | www.facebook.com/zsverlag

Auf den Geschmack gekommen?

Gleich weiterkochen!

Jetzt überall,
wo es gute Bücher gibt.